Hannah Pang

Clover Robin

LES SAISONS

UNE ANNÉE DANS LA NATURE

Tigre & Cie

Pour Nana et Grandpa, avec qui j'ai partagé tant de saisons,
et pour Mia qui apprendra tout sur elles ~ HP

Pour Kev et Winnie ~ CR

Pour neuf ans de saisons ~ NB

Tous droits réservés.
Édition en langue française publiée par Tigre & Cie
Imprimé en Chine et importé par Tigre & Cie,
57 Rue Gaston Tessier, 75019 Paris.
Texte d'Hannah Pang © Little Tiger Press 2020
Illustrations © Clover Robin 2020

Édition française réalisée par Édiclic
Titre original : Seasons
Publié au Royaume-Uni en 2020 par Little Tiger Press Ltd,
Une marque de the Little Tiger Group, 1 Coda Studios,
189 Munster Road, London SW6 6AW
Batch code : LT/1800/0081/1220
Dépôt légal : avril 2021

The Forest Stewardship Council® (FSC®) est une organisation
non gouvernementale internationale qui promeut le
management responsable des forêts.
FSC délivre une accréditation et des labels qui permettent aux
consommateurs d'identifier les produits utilisant des papiers de
forêts responsables et d'autres sources.
Pour plus d'informations, veuillez consulter : www.fsc.org

La nature, comme par magie, change avec les saisons.

Un grand chêne **en Europe** est vert et luxuriant en été,
puis sec et sans feuilles en hiver.

L'**Arctique** passe du soleil de minuit à l'obscurité de midi,
alors que les rivières d'**Alaska** coulent librement
puis gèlent pendant les mois les plus froids de l'hiver.

De l'autre côté du monde, la mangrove d'**Australie** grouille d'animaux
terrestres, puis de poissons, selon la saison.
Et en **Chine**, dans la **Vallée du Dragon jaune**,
les couleurs changent, passant du blanc, au vert puis au doré.

Les saisons apportent des transformations sur toute la planète,
même dans les plaines du **Masai Mara au Kenya**,
où se déroulent des batailles de vie et de mort,
aux saisons sèches et humides.

Au fil des pages de ce magnifique livre,
découvre la magie de la nature...

AUTOMNE

Les feuilles prennent maintenant des couleurs orangées et ocres avant de tomber. Et les animaux s'affairent pour stocker la nourriture pour l'hiver.

Ce champignon, à la forme originale, a aussi un drôle de nom : **la poule des bois** ! Il se développe au pied des chênes mais attention il peut abîmer l'arbre et même le faire mourir.

Le **cerf** se nourrit des glands qui tombent du chêne en automne. Ces glands ne sont plus verts mais rouges ou bruns.

Le meilleur moment pour voir ou entendre une **chouette hulotte** est une nuit d'automne, lorsque les mâles et femelles s'appellent. Écoute leur hululement bruyant !

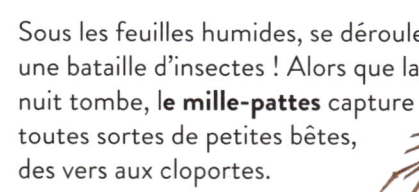

Sous les feuilles humides, se déroule une bataille d'insectes ! Alors que la nuit tombe, **le mille-pattes** capture toutes sortes de petites bêtes, des vers aux cloportes.

HIVER

L'arbre est nu et le sol recouvert de neige. Cette saison est une période difficile pour les animaux. La plupart d'entre eux sont cachés.

Les **blaireaux** survivent à l'hiver grâce à la graisse qu'ils ont accumulée pendant l'automne. Ils sont actifs toute l'année, mais resteront sous terre s'il fait trop froid.

Pendant l'hiver, le **loir** hiberne à l'intérieur d'un nid douillet. Il s'endort profondément pendant plusieurs mois sans se réveiller !

À l'intérieur de son abri spécial, appelé une chrysalide, cette **chenille** se prépare à un changement majeur : devenir un beau papillon !

La reine des **bourdons** est le seul bourdon qui survivra à l'hiver. Toutes ses ouvrières meurent, tandis qu'elle somnole en toute sécurité dans un trou sous terre, jusqu'au printemps.

Tout comme le loir, certaines **chauves-souris** hibernent, souvent dans de vieux trous de pic vert. Quand elles sont profondément endormies, elles respirent à peine !

L'arbre reste immobile, mais la nature avance. Le grand chêne et toute la faune qui l'entoure, changent à chaque saison, afin de survivre.

LUEUR ARCTIQUE

 À l'extrémité de la Terre, est un endroit où il fait très froid. Un monde de glace d'une blancheur à couper le souffle en hiver, qui ne fond qu'avec l'arrivée de l'été. Bienvenue en Arctique !

HIVER

Le soleil se cache pendant plusieurs mois en hiver. D'éblouissantes aurores boréales apparaissent dans le ciel !

On peut trouver de longs doigts de glace salée, appelés **brinicles**, sous la mer gelée.

Une mère **ours polaire** creuse une tannière dans la neige. Ici, elle donnera naissance à ses oursons.

Comme la plupart des phoques, le **phoque annelé** peut survivre au froid car il a une épaisse couche de graisse.

Les **narvals** sont souvent appelés « licornes de la mer ». En hiver, ils aiment nager en eau profonde sous la glace épaisse.

ÉTÉ

Le soleil est revenu, mais en été, il ne se couche jamais. À l'approche de minuit, le soleil brille toujours dans le ciel !

Chaque année, les **oies des neiges** parcourent des milliers de kilomètres pour s'installer en Arctique. Les longues et chaudes journées d'été sont parfaites pour élever leurs petits.

Alors que la glace fond, les **orques** peuvent se déplacer pour chasser les phoques. Ils restent éloignés de la glace en hiver, car cela peut blesser leur haute nageoire dorsale.

Le petit du **bœuf musqué** reste avec sa mère et se cache souvent sous sa longue « jupe » poilue où il se sent en sécurité.

En été, **le lièvre et le renard polaires** perdent leur pelage blanc qui les camoufle des prédateurs dans les mois d'hiver enneigés.

L'Arctique est un environnement difficile pour les animaux. En prenant soin de notre planète, nous pouvons les aider à survivre.

UNE TERRE SAUVAGE

L'Alaska est plus grand et plus froid que tout ce que tu connais. Les montagnes en décor de fond, laissent couler des rivières où vivent de nombreux poissons. Tiens-toi au bord de l'eau et regarde les saisons changer sous tes yeux.

AUTOMNE

La forêt devient toute dorée, et le sol est baigné d'herbes couleur feu.

À l'automne, **les grues du Canada** prennent leur envol en direction du sud, pour l'hiver.

Avec moins de saumon à manger, les **ours** doivent faire le plein d'autres aliments avant l'hiver. Leur menu d'automne comprend des pignons, des baies et des feuilles.

À l'automne, les **élans** mâles d'Alaska se battent pour gagner l'attention d'une femelle.

HIVER

La rivière gelée serpente en un chemin glacé entre les sapins. Beaucoup d'animaux hibernent ; ceux restés à l'extérieur tentent de rester en vie.

L'**élan d'Alaska** perd ses énormes bois en hiver. De nouveaux vont pousser au printemps.

Les **castors** sont dans leurs huttes confortables sous la neige, ils se blottissent entre eux pour se réchauffer. Leur barrage est tout près.

Le corps de la **grenouille des bois** gèle en hiver. Au printemps, il dégèle et la grenouille retrouve vie !

Le **grand-duc d'Amérique** s'installe dans un ancien nid d'aigle, d'écureuil, ou dans un trou d'arbre.

PRINTEMPS

Le printemps est le temps du renouveau. Les rivières dégèlent, donnant l'eau nécessaire à la faune, de belles fleurs poussent dans les hautes herbes.

Le **lupin violet** est l'une des premières fleurs sauvages d'Alaska à apparaître au printemps. Les coquelicots jaunes suivent, attirant les reines bourdons pour se réchauffer.

Sous l'eau, les jeunes **saumons** sont nés. Ils quittent ensuite la rivière et passent jusqu'à deux ans dans un lac avant de rejoindre la mer.

Le **lynx du Canada** cherche un partenaire au début du printemps. Deux mois plus tard, la femelle donne naissance à des petits.

Le **porc-épic d'Amérique du Nord** ne sort que la nuit. Ses piquants durs le protègent contre les prédateurs.

Les **visons** sortent également la nuit. Les bébés commencent à chasser à seulement huit semaines, mais restent avec leur mère jusqu'à l'automne.

ÉTÉ

Les pluies d'été crépitent dans les rivières dont le débit devient rapide. Et avec l'été, vient le saumon !

Les **ours bruns** d'Alaska passeront la plus grande partie de l'été à se régaler de poissons. L'été est une saison d'abondance !

La **libellule** plane comme un hélicoptère, et chasse les insectes. Attention les moustiques !

Des milliers de **saumons rouges** font le voyage de la mer à la rivière, où ils sont nés, pour y déposer leurs propres œufs.

Les ours ne sont pas les seuls à apprécier le poisson. De nombreux oiseaux, tels que **aigles**, **corbeaux** et **goélands**, attendent patiemment les restes.

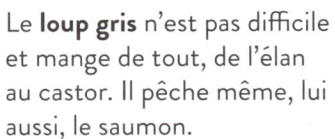

Le **loup gris** n'est pas difficile et mange de tout, de l'élan au castor. Il pêche même, lui aussi, le saumon.

Le **carcajou** est un animal gourmand qui suit de près le loup... pour récupérer ses restes.

L'**épilobe** est l'une des premières herbes à apparaître après un feu de forêt, répandant ses belles couleurs à travers les cendres.

L'Alaska est plus lumineux en été qu'en hiver. Mais l'été reste assez froid, ce qui en fait un environnement difficile à vivre toute l'année.

LE ROYAUME DE L'EAU

Nous voici dans une rivière marécageuse, nichée dans le nord de l'Australie. On y trouve les fascinants palétuviers, dont les longues racines prospèrent, selon la saison, hors de l'eau et dans l'eau.

SAISON SÈCHE

Les arbres de la mangrove reposent au milieu d'un lit de boue humide pendant la saison sèche. Le ruisseau est vidé de l'eau, laissant derrière un festin de poissons.

Non loin de la mangrove, le **wallaby** passe la journée à se reposer, au fond de la brousse. La femelle porte son bébé dans une poche comme un kangourou.

Le **héron strié** vit autour de la mangrove toute l'année. Il aime se cacher parmi les racines, prêt à bondir sur un gobie ou un crabe.

Le **crabe violoniste** est appelé ainsi car on dirait qu'il joue du violon en agitant sa grosse pince d'un côté à l'autre. Cela met en garde les autres mâles ou attire les femelles.

Un **renard volant** protège son petit avec ses ailes quand il pend de l'arbre. Quand la nuit tombe, il emmènera son petit à la recherche de fruits.

Avec des nageoires ressemblant à des pieds, le **gobie** est un poisson qui vit dans l'eau et sur terre !

Contrairement à de nombreuses plantes, le **palétuvier rouge** peut survivre dans ou hors de l'eau, même salée ! Pendant la saison sèche, il est parsemé de petites fleurs.

SAISON HUMIDE

Dans la chaleur torride de l'été, des pluies torrentielles remplissent le ruisseau. On passe alors dans un monde sous-marin. Mais méfie-toi de tout ce qui s'y cache !

Un bébé **vivaneau rouge** de mangrove est plus coloré que ses parents. Il reste dans la mangrove alors que les adultes sortent dans la mer pour y pondre leurs œufs.

Avec le claquement de ses pinces, la **crevette-pistolet** fait un bruit de claquement fort pour avertir les prédateurs.

Les œufs des **lézards** de mangrove éclosent pendant la saison des pluies, quand il y a plus d'insectes à manger.

Le **martin-pêcheur** est un as de la plongée pour les poissons. Il observe depuis une branche basse, avant de piquer sur sa proie.

Le **poisson archer** abat les insectes sur les branches à proximité en leur jettant de l'eau !

Le **dugong**, ou vache de mer, peut parfois être repéré dans des canaux près des mangroves. Il aime paître sur les herbiers, et est lié à l'éléphant.

La mangrove est un endroit difficile à vivre. Les animaux et les plantes doivent mener une double vie pour faire face aux changements drastiques d'une saison à l'autre.

UN ENDROIT MAGIQUE

Dans la Vallée du Dragon jaune, des pierres scintillent dans des étangs à l'eau cristalline. Observe depuis le flanc de la montagne certaines des créatures les plus rares de Chine.

HIVER

L'hiver est magnifique, avec ses arbres enneigés, les sols gelés et les singes blottis pour se tenir au chaud.

On ne voit le **chat de Pallas** qu'après le crépuscule, quand il sort chasser de petits rongeurs et des oiseaux. Il a un long pelage duveteux pour le garder bien au chaud l'hiver.

Les **rhinopithèque de Roxellane** survivent à l'hiver grâce à leur épaisse fourrure et à leur nez retroussé et plat, qui gèlerait s'il était plus long !

Les **lichens** ne sont pas des plantes. Ils sont constitués de deux minuscules êtres vivants : un champignon, qui apporte l'eau, et une algue, qui fabrique la nourriture. Ce sont plutôt de très bons amis !

PRINTEMPS

Le soleil réchauffe les étangs dont la glace peu à peu fond. Il est temps que l'ours noir vienne saluer le printemps.

Le **Lophophore de Lhuys** siffle et fait des sauts pour attirer l'attention de la femelle !

Les chatons du bouleau d'Himalaya apparaissent au printemps. Ces têtes de pollen peuvent atteindre 12 cm de long !

Le **panda rouge** est surtout visible la nuit. Il a des griffes acérées et une longue queue pour grimper aux arbres, loin des prédateurs. Comme beaucoup d'animaux dans la vallée, il se nourrit de pousses de bambou.

L'été apporte le soleil mais aussi de courtes averses de pluie, laissant une terre verte et luxuriante.

À cette époque de l'année, de nombreux animaux, comme le **mouton bleu**, gravissent les pentes abruptes des montagnes pour se nourrir d'herbe fraîche dans les prairies d'altitude.

Les **tichodromes échelettes** nichent dans les espaces entre les rochers, plus haut sur la montagne.

Le **takin du Sichuan** a une fourrure grasse et imperméable pour le protéger des pluies d'été.

Les **orchidées coccinelles** survivent aux plus durs hivers, et fleurissent en été en haute montagne.

Non loin de la Vallée du Dragon jaune, on trouve le **léopard des neiges**. Il utilise sa longue queue pour s'équilibrer, bondissant d'un rocher à un autre.

Le **papillon paon-du-jour** a des motifs qui ressemblent à des yeux. Cela effraye ses prédateurs.

AUTOMNE

La vallée du Dragon jaune est la plus belle à l'automne, quand ce lieu magique se pare de couleurs et de vie.

Le **panda géant** est un animal extrêmement rare qui passe son temps dans les forêts de bambous au pied de la montagne.
Les bébés panda sont si petits qu'ils pourraient tenir dans ta main.

La **martre à gorge jaune** aime se nourrir des baies de sorbier de Sargent, ainsi que d'écureuils, de lièvres, de rats, d'oiseaux, d'insectes et même de petits cerfs !

Les déjections du panda géant sont vertes ! Car il mange principalement du bambou.

Le **porte-musc nain** est un excellent grimpeur d'arbre. Les mâles ont des dents extrêmement longues, qu'ils utilisent pour se battre avec d'autres chevrotains.

Le **faisan chinois** est un aviateur maladroit. Il préfère passer son temps au sol, se nourrissant de feuilles et d'insectes.

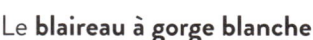
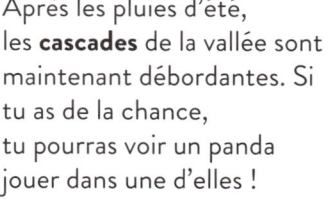

Le **blaireau à gorge blanche** utilise son museau, qui ressemble à celui d'un porc, pour renifler les fruits d'automne.

Après les pluies d'été, les **cascades** de la vallée sont maintenant débordantes. Si tu as de la chance, tu pourras voir un panda jouer dans une d'elles !

Cette terre de roche dorée et d'étangs recèle de nombreux trésors rares et précieux, dont il faut prendre soin.

QU'IL PLEUVE !

Les prairies du **Maasai Mara** au Kenya s'étendent à perte de vue. Ces plaines en constante évolution donnent **vie** à **des millions** d'incroyables créatures, dont une **armée** de prédateurs voraces !

Derrière de gigantesques nuages de poussière et des eaux tourbillonnantes, la rivière Mara est le théâtre de la grande migration. Les animaux doivent passer de l'autre côté, pour ne pas mourir de faim.

Le **gnou** préfère les herbes courtes, il suit donc les zèbres qui les grignotent et les raccourcissent !

Avec son pelage tacheté, le **léopard** reste bien caché en haut d'un arbre, prêt à bondir sur n'importe quel animal en dessous.

Les animaux se rassemblent à l'ombre de l'**acacia** ; leurs excréments servent d'engrais à l'arbre !

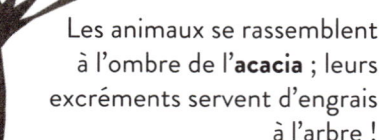

Avec plus de 60 dents pointues, le **crocodile du Nil** est un chasseur intraitable. Il mesure la longueur d'une voiture.

Pendant la journée, l'**hippopotame** se refroidit dans l'eau. Mais attention : son bâillement est un signe de colère !

SAISON HUMIDE

Des nuages sombres recouvrent le ciel, l'herbe fraîche pousse dans les plaines, et les pluies redonnent vie à la faune autour de la rivière.

L'**autruche** est l'oiseau le plus grand et le plus lourd du monde. Il ne peut pas voler mais il a des jambes très puissantes et un de ses coups de pied peut tuer un lion!

Le **cobra cracheur à cou noir** est un serpent en colère. Il crache du venin dans les yeux de ses adversaires.

Malheureusement, il reste très peu de **rhinocéros noirs** dans le monde. Un bébé rhinocéros reste avec sa mère jusqu'à ses trois ans.

Les **fleurs d'encre vlei** fleurissent après la pluie.

Le **bousier** fait des boules à partir d'excréments des animaux puis les enterre en plaçant ses œufs à l'intérieur.

Ces fleurs sont un festin pour les **babouins olive**.

La Grande Migration est l'un des événements les plus spectaculaires sur Terre. Pour les animaux, c'est un voyage de vie et de mort.

De la tundra d'Arctique
aux plaines d'Afrique,
le changement des saisons
permet aux animaux et
aux plantes de vivre ensemble
en parfait équilibre.
Les saisons conduisent le cycle de
la nature qui alimente
toute vie sur Terre.